그린란드 바닷가에서
바다표범이 사라지는 순서

정윤천 시집

시와
사람

그린란드 바닷가에서
바다표범이 사라지는 순서

2024년 5월 15일 인쇄
2024년 5월 20일 발행

지은이 정윤천

펴낸이 강경호   편집장 강나루   디자인 정찬애
펴낸곳 도서출판 시와사람
등록 1994년 6월 10일 제 05-01-0155호
주소 광주시 동구 양림로119번길 21-1(학동)
전화 (062)224-5319   E-mail jcapoet@hanmail.net

ISBN 978-89-5665-722-6   03810

값 12,000원

＊잘못된 책은 구입하신 서점에서 바꾸어 드립니다.
＊지은이와의 협의로 인지를 붙이지 않습니다.
＊이 책은 광주문화재단 예술육성지원사업에서 제작비를 지원받았습니다.

이 도서의 국립중앙도서관 출판예정도서목록(CIP)은
서지정보유통지원시스템 홈페이지(http://seoji.nl.go.kr)와
국가자료종합목록 구축시스템(http://kolis-net.nl.go.kr)에서
이용하실 수 있습니다.

그린란드 바닷가에서
바다표범이 사라지는 순서

ⓒ 정윤천, 2024
이 책의 저작권은 저자에게 있습니다.
저작권에 의해 보호를 받는 저작물이므로 저자의 허락 없이
무단 전재와 복제를 금합니다.

■ 시인의 말

너로부터 멀어지기 위하여 너에게로 가야하는
쓸쓸한 풍습이 있다

태양보다 비가 더 뜨거웠던 날이 지나간다

나타샤 댄스라는 노래에서는 이렇게 들려주었다

- 그리고 내가 알지 못했던 삶의 속삭임

흘리고 온 시들의 속삭임 쪽으로 고개를 한번 돌아다본다.

사직동의 오후 속에서

그린란드 바닷가에서 바다표범이 사라지는 순서 / 차례

시인의 말 _ 5

제1부 햇볕이 쨍쨍한 날에 길고양이들이 태어난다

14 거리
15 날씨
16 유의
17 은산철벽
18 봄날의 점집
19 감기
20 적도
21 햇볕이 쨍쨍한 날에 길 고양이들이 태어난다
22 江
23 카페와 호두알
24 바나나
25 그린란드 바닷가에서 바다표범이 사라지는 순서
26 이모도 사막에서 온 鹽夫
27 봄
28 遠景

입술의 밥풀을 떼어 입 안으로 넣을 때 든 한 가지 생각 30
팔자가 제법 더러운 33
都市 34
和順, 첫눈 36
중독인 37
봉선동에는 학원이 너무 많아 38
방림동 39
王 40
더 많은 고무줄을 구해와야 하지 않았는지요 42
목포 2 44

제2부 발해로 가는 저녁

우리는 모두 그 불빛 아래로 46
不忍 47
서정시가 아니어도 된다 48
새들의 무렵 같은 50
서정시 같았다 51
저녁의 연극 52

53　좋은 날
54　발해로 가는 저녁
56　마루
57　소년
58　와온에서
60　바다를 바라보며 서 있다
62　너라고 쓴다
64　사랑의 일 초 1
66　십만 년의 사랑
69　사과를 깎았던 저녁
70　별 물

제3부　천천히 와

72　콩잎은 바람결에 흔들렸던 거디었다
74　하늘이처럼 시를 읽었다
76　치욕에 대하여
77　천천히 와
78　저, 감옥

저녁의 시 79
멀리 있어도 사랑이다 80
어디 숨었냐, 사십마넌 82
은빛 비늘의 순간 84
참, 작다 85
구석 86
토란잎 우산 같은 것에 대하여 87
시에게 미안하다 88
슬픈 일 앞에서는 89
마흔 살 너머, 새벽 기차 90
나는 아직 사랑의 시를 쓰지 못하였네 92
호된 옛 노래 94
탱자꽃에 비기어 대답하리 96
순간의 和音 97

제4부 풍경은, 옛 연못을 지웠을지라도

그리움 100
들쑥 향내는 바람에 날리고 101

102 시는 쓰러지거라
103 리발 황씨
104 봄 밤
106 저문 꽃 뒤에서야
107 운주사 臥佛
110 풍경은, 옛 연못을 지웠을지라도
112 흰 길이 떠올랐다
114 봉숭아 꽃물
116 한평생
118 궂은 날
120 지난밤의 하느님
121 먼 길
122 옛집 마당에
124 春陽行

그린란드 바닷가에서
바다표범이 사라지는 순서

제1부

햇볕이 쨍쨍한 날에
길고양이들이 태어난다

거리

초록 털의 원숭이를 찾아 거리를 떠난 친구가
돌아오지 않고 있었다

그런 일도 따라가보지 못한 엉덩이가
빨개졌다

나뭇가지 위에서
위태롭게 살아가는 친구를 알아보게 되기까지
거리가 필요했다

몇 거리나 되었다.

날씨

 시냇가에서 자랐으므로 손금이 파란 날이 많았다 학교에 가지 않는 날이 늘어서 혼자 날씨를 헤아리는 정성이 소중했다 교실 안에는 시냇가에서 온 아이들이 티눈처럼 박혀 있었으나 서로에게 손금을 보여주지 않았다 종이배를 띄우러 갔던 어느 여름에 한 아이의 손바닥에서 나뭇잎 냄새가 났다

 종이배에 실려서는 멀리 갈 수 없었다 바닥에 물이 차는 꿈에서 깨면 손금들속으로는 속상한 날들이 고여 있었다

 내일의 날씨를 미리 알아맞혀야 하는 어른이 찾아오기 시작하였다 시냇물처럼 뿔뿔이 헤어져야 하는 일들이 자라났다 시냇물은 어디에선가 다시 모여들어도 종이배는 영원히 돌아올 수 없다는 걸 익히고 말았다.

유의

가방을 버스에 두고 내렸습니다

일생 동안 내린 빗방울의 숫자를 헤아리는 일로 머리칼이 하얗게 돌변한 어떤 노인은, 자신의 유의가 빛이 났던 적이 한번 있었습니다

자리에 누운 병 든 아내에게 그동안 헤아려 놓았던 빗방울의 숫자를 들려 줍니다 아내도 그의 말에 한참 동안 유의하는 표정이었습니다

어딘가에 무언가를 두고 온 일은 작거나 커다란 잘못입니다

상대의 눈물방울을 헤아리는 마음도
버스 안에 가방을 놓고 내리지 않는 유의와 같았습니다.

은산철벽

 처마 끝에 떨어지는 눈 녹은 물방울들이 땅거죽을 들이받다가 들이 받다가 잠자고 있었던 내 눈알들을 캐내어 사라졌다 구멍만 남겨놓고 갔다 어디에서 누구에게로 저 은산철벽의 회초리를 여쭈어야 하나.

봄날의 점집

 어린 몸에 붙은 미상불의 병증은 어느 날의 환幻 속으로 나를 이끌고 갔나 점상에 펼쳐진 노파의 수작은 쌀점米占이라 배워주었나

 어린 돼지 한 마리는 난데없이 불려와 채송화의 화단가에 붉은 단조로 물들어 보였나 은방울소리는 한참이나 개여울까지 흘러들었나 머리통을 잃은 돼지의 풍신風神에게로 발병發病은 건너갔었나

 면面도 모르는 조상의 까탈은 줄거리 희미한 안개소설로 남아 있었나 봄날의 점집은 아름다웠나 병색의 어린 걸음으로는 무섭도록 까마득한 원족遠足 같았나.

감기

 너보다 내가 더 추운 저녁을 맞아도 괜찮다고 생각하는 어른이 되고 싶었다

 비가 그치자 채송화 꽃밭이 한 뼘 더 붉어졌다 전투기가 지나간 가자지구의 노을 마냥

 부서지기 쉬운 서랍을 들고 밤이 찾아왔던 날이 잦아졌다 긴요한 일들이 얼른 생각나지 않는 날이 많아지고 있었다

 눈 아래가 깊었던 미소를 두고 간 오래 전 누군가의 모습이 좀처럼 빠져나가지 않고 있었다.

적도

키 큰 나무의 아래에서
떨어진 나뭇잎 한 장을 주워

나무의
일생을 들여다보면

인간의 적도는 너무 먼 데에 있고
거기엔 한 번도 가본 적이라곤 없었는데도

나뭇잎들은
어떻게 적도를 알고 있을까

반半으로 접히는 지점에 실금으로
새겨져 있는
나뭇잎의 적도를 헤아려보면

서로의 반대편을 그리워하였거나
바라보면서 지낸 선명한 흔적이 남아 있었다.

햇볕이 쨍쨍한 날에 길 고양이들이 태어난다

누가 우산을 길에 내다버렸다

우산들이 홀쭉한 배를 흔들며
아무렇게나 거리를 걸어 다닌다

비가 오는 날이면
손잡이를 애인처럼 감싸 쥐었던
누군가의 옛 추억을 떠올리기도 하면서

우산들이

무늬가 얼룩덜룩한 다리들로
도로를 함부로 건너고 있다.

江

 평화로워 보여야 하는 행사들이 많았다 목주름을 캐내어 처신에 보태기도 하였다 스승의 사진 앞에서 입술을 비틀었던 기억이 환했다 잿빛 볼레오를 걸친 저녁이 찾아오는 날에게 미안했다

 실수를 저질렀던 내용들이 바닥에 가라앉아 있기도 하였는데 하필이면 내게는 울음소리가 가장 긴 짐승의 이름이었다.

카페와 호두알

 창 하나의 너비가 공항처럼 넓었다 라켓을 올려붙이고 반대편의 탁자로 호두알을 넘기는 수작을 연결한다

 카페의 탁자들은 모두 녹색들이다 탁자 위로 떨어지는 호두알 소리들이 요란스럽다

 사촌은 호두나무를 좋아했다 다리가 쭉 빠진 여자와 결혼을 하여 호두 두 알을 얻었다

 카페를 전전하였다 구겨진 외투 속에서 골퍼가 되고 싶었다고 부스럭거려 보이지만 필드까지의 거리가 멀어 보였다 인체 공학적으로도 철주엔 녹이 슬어있었다

 카페의 창가에서 누군가 내게 남겨 놓고 간 한 알의 주름짐에 대해 쓰고 싶었던 적이 있었다

 벽면은 카페의 특징에 대하여 특정하고 싶어 하는 버릇을 드러낸다 누군가 앉았다가 간 자리에 내가 가서 앉게 된 사실을 지지止持하였던 건 사실이었다.

바나나

 한국 남편에게 맞고나와 골목에서 울던 여자의 이름도 너처럼 먼데서 왔다 껍질이 짓물러 진 바나나를 내다 버리고 올 때 개나리가 피었다 담장 위에

 한쪽 어깨가 벗겨진 노랑 원피스도 닮아 있었다.

그린란드 바닷가에서
바다표범이 사라지는 순서

 바다표범 한 마리는 미루나무 꼭대기에 닿았다가 옥수수 줄기와 이파리들을 스치더니 산딸나무 어린 가지를 적시고 구절초 꽃잎 위에 내려앉아 보였다가 시냇물 속으로 낮아져 가버렸습니다

 빗방울 하나가 그린란드의 바닷가에서 사냥개에게 물리고 썰매 견에게 실려와 사냥꾼 아내의 요리를 맛보았다가 식탁의 접시 위로 사라지던 순서도 마찬가지 같았습니다.

이모도 사막에서 온 鹽夫

어떤 시의 제목은 사막으로부터 온 것

일생 동안 염전에는 거의 안 가고 염전이 들려주는 사막의 이야기에만 주목을 한다 어떤 시의 내용도

코를 풀기도 한다
콧물에 섞여 나오는 사막의 징후들을 휴지로 훔쳐내면서

이모네 밥상의 이모도 사막에서 온 염부
모래와 소금의 맛을 동시에 수렴하여 손맛에 데리고 사는
찬장의 유리병 안에 담겨있는 하얀 (...)

이모도 가끔 설거지 통 앞에서 당신의 내용을 향해
튜닝을 꿈꾸기도 한다

밥상에 올려보는 소금처럼
하얀 모래처럼.

봄

이사 다니던 기억이 많았던
길가 집 아이들은
새로 내민 나뭇잎들 같다

찻잎 마냥 순해서
부모가 턱없이 부족했던 외진 겨울의 모퉁이를
저희들끼리 물에 불려 마시며 겪고는 했다

다른 아이들의 말을 잘 따라주었던 버릇은
비가 내리는 골목이 더 길었기 때문이다

이번 계절은 여기에서 나게 되었다고
조약돌을 던져 주었다 졸음이 풀린 강물 속으로

다른 아이들에겐 시시한 일이었는데
강물을 한 철 더 바라보게 되었던 계절이
좋았는가 보았다.

遠景

작은 형이 한 칸 높은 학교 2학년일 때 나는 초등학교 5학년이었네

일요일 아침부터 토끼장을 지었네

성가신 심부름을 시켰지만 아무 소리도 들리지 않았다네

2학년이 5학년의 토끼장을 저만치로 걷어차 버렸네

시민군처럼 달려들어 보았지만 힘이 딸렸네

노오란 허기까지 밀려들었네

부엌으로 달려가 양푼 밥을 비볐네

한참을 밀어 넣었더니 그제서야 좀 살 것 같았네

호흡조절이 필요 하였네

마당으로 나와 개새끼야 하고 외쳐 보았네

아무도 나타나지 않았네

저만치에 앉아있던 토기장이 눈에 들어오고 있었네

내외는 집들이도 없이 그 안에서 살림을 치고 있었네

5학년이 그린 그림 보다 훨씬 훌륭한 경치 같았네

벗어던진 고무신을 주워 신었네

 헐레벌떡 2학년 어르신의 심부름을 나섰다네.

입술에 매달린 밥풀을 떼어 입 안으로 넣을 때

입술의 밥풀을 떼어 입 안으로 넣을 때 든 한 가지 생각

 석양이 드는 변두리에 가느다란 팔목을 지닌 노인이 살고 있었다 그곳의 눈빛과 북로北路는 배후가 닮아 보인다 북쪽으로 가는 길만을 뜻하는 것은 아니었으니 지나왔으면서 가보지 못한 곳에 담아 놓은 미련이었을지 모른다

 어떤 단어 하나는 노회한 수리의 활공 같이 머리 위에서 맴을 돌았다 머리 위에 내려앉아 번을 서기도 했다 오래지 않아 먹잇감을 향해 구체를 드러내기 시작했으나 수화로도 설명하기 까다로운 속도를 지니고 있었다

 선친의 의치義齒에서는 흙냄새가 지냈다 만산홍엽의 계절 이었다 가까운 곳에 새 거처를 작정하고 당신의 구거舊居를 헐었을 때 의치는 서늘하게 뼈를 잃지 않고 있었다 산중턱에서 지내는 촌수가 먼 아재비가 품에 접었던 창호지를 펼쳐 당신의 골편들을 수습하는 동안 나는 먼 쪽으로 목을 늘여 주었다 만산홍엽의 주문을 외던 가을 산이 불에 덴 손등마냥 번져 올랐다 누가 흘려 놓고 갔는지 길 위에 떨어진 비단 손수건 한 닢도 붉어 보였다

고양이 한 마리가 집에 들었다 외면하고 싶었는데 마음 기운이 딸리는 막내가 그것의 밥그릇을 마련하고 말았다 엉덩이가 퍼지자 어디선가 한 무리 새끼살림을 이끌고 들어선다 고양이도 나처럼 가릉거리는 제 목숨 위에 새끼를 들고 가야 할 북로의 그림자를 들여 놓았다

 철새들이 횡대를 지어 한 곳으로 달아났다 살아갈 길들이 허공 속으로 나있는 허공의 마을이 아스라이 떠있다 까닭도 없이 노래를 부르고 싶어지는 날들도 따라왔다 공중 화장실 변기 앞에서 제 물건들을 꺼내들다가 뜻밖의 목청으로 노래를 쪼는 젊은 새들도 있었다

 노인의 침통 속에는 노래의 묘혈을 아는 장침이 하나 담겨져 있었다 다리 한 쪽을 저는 여자 아이가 노인의 침보따리 앞에서 거위처럼 꽥꽥 소리를 질러 대기 시작하였다

 너무 가난한 방에서 살다가 나온 뒤통수들에서는 짐승의 울음소리가 주저앉아 있고는 하였던 것 같았다

침통을 가슴에 품고 북로 쪽으로 간 노인은 다시는 돌아오지 않을 것 같았다 한쪽 다리를 절었던 그 해의 봄도 산 벚꽃이 지는 산모롱이를 돌아서 저도 어디론가 멀어져 가고 있었다

 코스모스 한 그루는 지나갈 때 보니까 너무 가느다란 목소리를 내고 있었다 집에서 너무 멀리 떠나온 것 같은 짐작이 났다

 가만 놔두었으면 이 벽을 온통 푸른 입맞춤으로 채웠을 거라고 떠들어 대던 입 하나를 꿰매어 주고 싶었던 일이 생각났다 놔두었으면 사방을 가시로 채웠을 거라는 짐작은 데리러 가지 않기로 마음 먹는다

 슬픔이 짜락짜락 봄 내를 내는 하루 였으면 싶을 때도 있었다.

팔자가 제법 더러운

 당나귀를 끌고온 사내의 꼬임에 빠져 집을 나선 짓부터 그래 보였다

 메밀꽃이 한창인 밭두렁에서 옷고름을 먼저 푼 것도 제 정신이 아니었다

 별점을 치며 살런다는 희망도 별 볼일 없어 보였다

 결정적으로는

 당나귀를 바꾸어 술을 타고 떠난 사내의 품을 끝내 잊지 못했다

 시詩라는 이름을 타고 태어난 여자의 사연 같았다.

都市

 소심한 텃밭에 당신은 작약 꽃을 피우곤 하였는데 그 꽃밭 언저리가 자주 허름하곤 하였다

 칸나 꽃이 피는 쪽을 가르키며 그쪽으론 되도록 가지 말라고 일렀으므로 우리들은 처음부터 갈 데가 줄어들곤 하였다

 인물이 앞서는 누이가 작약꽃밭에서 몰래 나와 사라져 버린 날이 피어났다

 성냥갑을 모으는 버릇을 들이기 시작했을 때 당신도 꽃밭 언저리에 나와 먼 데를 바라보곤 하였는데 우리 집은 그곳에서 더 먼 데에 있었다 불씨처럼 곱고 맑은 날 아침 당신도 한 번 도시보다 먼 곳으로 떠나 가셨다

 누이가 뛰어와서 우리들을 한 쪽에 모아 놓고 마음껏 울도록 보살펴 주었다 누이의 손등에서는 그새 칸나 꽃 향기가 따라 나왔다

당신이 꾸렸던 작약꽃밭과는 영 다른 화단 곁을 지나가야 할 때면 우리들 중의 누군가는 도시라고 부르기도 하였는데 칸나 꽃을 닮아있던 누이의 종아리가 불씨처럼 곱고 맑았던 그날의 아침이 떠오르기도 하였다.

和順, 첫눈

 가난한 집들의 지붕을 덮어주는 솜이불 오백만 평쯤으로 찾아온다는 것이다

 누구라도 포근하지 않겠냐는 것이다

 〈여기서 부터는 전라남도 화순입니다〉

 차갑고 고단했을 여정이었으므로 목도리도 풀지 않고 양말도 벗지 말고 담장 위에 마당가에 쉬어버리는 것이다

 처마가 낮은 집 안의 시집도 못간 여자애가 뜰 위로 올라서다가 말고 신발 뒤축일랑 엉덩일랑 펑펑 털어대다가 그만 치마 끝동도 실끗샐끗 올려보여 주는 것이다

 그냥 이대로 다정多精이 되는 것이다 화순인들 한 번 더 순해져서 화순이 되어버리는 것이다.

중독인

"지금은 간신히 아무도 그립지 않을 무렵"이라는 말투를 시집의 제목으로 쓴 이는 65년생 장석남이다 지금쯤 간신히 이명耳鳴이 그립지 않을 무렵에 가 있을 것 같았다

장정일이 세계최초로 "햄버거에 대한 명상"을 시도했는지에 대한 연구는 가타부타 나서지 않고 있었다 햄버거 앞에서 무릎을 꿇고 앉아있을, 인간의 성체를 상상하는 일은 아무래도 즐거웠다 그가 모시던 햄버거의 맛은 병(病)이 오기 전 달의 달력처럼 빳빳할 것도 같다

뱀이야말로 가장 먹기 좋은 먹거리의 형상으로 지상에 오셨나니 김밥을 뱀 밥으로 불러도 될 것이라는 생각을 지닌 나는 크게 알려지지 못한 "구석"이라는 시집을 펴기도 했다

땅 밑으로 굴을 파 국경을 넘어 들어가서 미 대륙 전역에 물건을 공급했던 위인은 멕시코의 마약 왕이었다.

봉선동에는 학원이 너무 많아

새와 누이와 나뭇잎의 습성을 잘 알아맞추던 어떤 아이는 자라서 밀정이 되고 싶었다

덩치 큰 귀신 고래와 키가 큰 단풍나무와 다리가 네 개 달린 샤륜구동들이 따라와서

소년이 품속에 간직했던 그의 밀서를 무지막지한 힘으로 빼앗아 갈기갈기 찢어 놓고 가버렸다

봉선동에는 학원이 너무 많이 돌아다니며 있었다.

방림동

　시장과 국회의원은 되도록 찾아오지 않습니다 방림동 살다가 떠난 사람들도 돌아오려도 하지 않습니다 봉선동 같은 데 하고는 차이가 좀 집니다 옛적에 광주에 살짝 왔다가 간 전두환이도 무등산 관광호텔로 바로 갔다가 거기서 먹고 자고 떠났답니다 남 광주 역만 오지게 가까워서 보성 지나고 순천 가는 기차 소리만 나름대로 자주 다녀갔더랍니다.

王

손바닥에 쓴 뒤로 더 유명해졌지

부시처럼 아베처럼 부러워지는 자리였지

쓸데없이 데려다가 패기도 하지 묻기도 하였지

왕을 위해 죽는 일을 영광 법성포로 알라고도 했지

재수가 없으면 저도 그 자리에서 께꼴락하기도 하지

너무 오랫동안 섬기게 했던 어떤 이가 그랬지

술상 위에 술병 하나 남겨 놓고 갔지

짝퉁도 하나 있었지

아침이면 제 집구석의 똥통에서 이빨을 닦았을 테지

피를 많이 본 눈알을 씻었을 게지

항문에서 매화를 빼내고 나면 변기통의 물을 평화적으로 내렸겠지

똥딴지같은 기운은 타고났는지 골프 다니면서 놀다가 죽었지

벽에 똥 바를 뻔 하였지

자신의 회사를 종구품 거라고 우기던 꼴값도 하나 있었지

요새 나온 왕도 변함없이 종이에 써준 소리들 들고 다니며 읽지

안주를 너무 많이 먹은 사람 같았지

이제와선 백성들도 알아차리지

연설하고 자빠졌네 그러지

아닌 척 해보아야 왕이라고 썼던 걸 다 알아차린 거였지.

더 많은 고무줄을 구해와야 하지 않았는지요

 아들은 오늘도 동전을 조른다 동전이 생길 때 마다 구멍가게에서 노오란 고무줄을 사온다 기저귀 고무줄이라 불리던 거였는데 지금은 찾아보기 힘들다 그때만 해도 팬티 끈에는 고무줄이 들어있었다 아들은 고무줄을 나뭇가지에 매어 새총을 만들곤 한다 아들에게 묻는다 애야 자꾸만 새총을 만드는 연유가 무엇이더냐 새총으로 새를 잡을 거예요 새를 잡아 무얼 하려는지 궁금하구나 새를 팔아서라도 고무줄을 사 놓아야 하지 않았나요?

 청년이 된 아들이 목돈을 요구하고 나섰다 그래, 그 돈으로 무얼 하려느냐 멋진 스포츠카를 구입할 거예요 거기에 덩치가 좋은 여자 애를 태우고 싶어요 고무줄이 아니어서 다행이구나 허리가 굵은 여자애와 여행을 갈 생각이예요 애인이 생겼나 보구나 아니예요 전망이 끝내주는 식당에서 저녁을 먹고 나면 근사한 호텔에 갈 계획이지요 누가 들어도 뻔뻔하기 그지 없는 내 아들아 그 애와 호텔에 가서 무슨 짓을 저지르겠다는 것이냐 놀라지 마세요 나는 그 애가 잠들기를 기다렸다가 욕실에 널어 놓은 팬티에서 넉넉하게 늘어난 고무줄을 빼낼 생각이지요 새총을 만들어야 하지 않겠어요! 새를 잡아 팔아서라도 다시 고무줄을 사와야 하지 않겠어요!

 누가 가르쳐 주지 않았는데도 아들은 이미 알고 있었다 인생의 성패가 고무줄에 달려 있었다는 사실에 대하여서 남보다 먼저 더 많은 고무줄을 차지하지 못하면 죽을 때까지 새총을 어깨에 메고 새를 잡으러 떠돌아다녀야 하였던 운명에 대하여서 말이예요.

목포 2

  마지막 배를 보내고 돌아서서 항구는 무른 코를 푼다 솜바지 가랑이에다 대고 손을 닦아 준다 역전으로 가는 길가 한쪽에서 홍어 냄새는 어제보다 진득해 졌다 흑산댁 몸빼 바지 곁에서 이난영 한 대목이 죽어라고 퍼질고 앉아 쉬 가시지를 않는다 목포에서 잘 못 굴었다간 오 거리 아이들에게 얻어터질 수 있다 택도 없는 소리로 알랑거리지도 말아야 한다 여기는 항구가 아니라 항구를 보내 놓고 돌아서서 우는 항구의 어미 애비 뻘이었다.

2부

발해로 가는 저녁

우리는 모두 그 불빛 아래로

 간짓대에 묶어온 전선에 매단 전구 알을 크리스마스 저녁때 마냥 밝혀 놓았습니다

 그가 알았던 얼굴들이 하나둘 불빛 아래로 모여 듭니다

 그가 사귀었던 가난과 노동의 매무새들도 새까만 벌판을 건너 불빛 아래로 가까워져 옵니다

 그가 기르다 간 황구 한 마리도 불빛 속에 헐레벌떡 바빠 보이는 중입니다

 그가 두고 간 황구 한 마리도 서서히 불빛 속을 알아차리는 모양입니다

 한 번 더 훑어보다가 가라고 전구들도 힘을 다하여 광光을 꺼내어 비추어 줍니다

 그의 마을이 힘을 모아 밤새워 밝혀 놓은 불빛이었습니다.

不忍*

사산 직전의 염소 새끼를 들쳐 메고 들어와
사람 병원의 응급실 앞에서 울음을 바치는 이가 있었다

시골 의사는 등가죽을 늘여 두 대의 링거를
염소의 몸 안으로 흘려 넣어 주었다.

*맹자. 차마 외면할 수 없는 인지상정의 마음

서정시가 아니어도 된다

 지붕이 없는 사원이 거기에 있다 수도원과 고해소와 갠지즈강이 있다 새벽마다 거기에 오르는 승려들과 요기*들이 있다

 사람의 히말라야보다 두 배나 높게 여겨진다는 거기에 올라선 이들은 시詩보다 서둘러서 물구나무를 서보이기 시작한다

 등딱지에서 꺼내든 저마다의 날개 위에 새벽의 습기를 닿게 하려고 거저리**들이 나미브***에서 생을 구하는 자세

 그러려니 생은 아름답지 않아도 된다 대가리를 거꾸로 처박고 폼이 나지 않아도 되고 정전이 되어 한 동안 불이 들어오지 않아도 되고 민족중흥의 역사적 사명 같은 건 외우지 않아도 된다

 만다라 꽃씨보다 작은 습기의 알갱이들이 날개에 맺혀 물구나무의 맨 아래에 붙은 입술까지만 닿으면 된다 서정시가 아니어도 된다.

＊요가 수도자.
＊＊풍뎅이의 일종.
＊＊＊지구상의 가장 오래된 사막.

새들의 무렵 같은

하루치의 기차를 다 흘려보낸 역장이 역 앞의 슈퍼에서 자일리톨 껌 한 통을 권총 대신 사 들고 석양의 사무실 쪽으로 장고나 튜니티처럼 돌아가는 동안과

세간의 계급장들을 떼어 부리에 물고 새들이 해안 쪽으로 날아가는 무렵과

이 무소불위의 전체주의와 (체제에 맞추어 불을 켜기 시작하는)

카페와 술집과 소금구이 맛집들과 무얼 마실래? 와 딱 한 병씩만 더 하자와 이 인분 추가와

헤아려 보거나와 잊어버리자와.

서정시 같았다

 쇠 치는 대장간이 남아 있었다 튀밥 솥 엉덩이 아래가 금방이라도 열릴 듯했다 국밥집 앞에는 그런대로 줄어져 가던 사람 띠가 늘어서 있었다 대장간 안이 외따로웠다 호밋자루를 고르는 노파의 손길이 재작년보다 주저거렸다 밥값도 못 건진 풍구 불이 꺼져가는 소리를 내었다 대장간이 남아 있었던 근처에 거기 붙어 있던 대장장이의 팔뚝이 자랑스러웠다 국밥집 돼지 창자 냄새가 그리 떳떳하지는 않았다 국밥만 하고 간다는 발걸음 하나가 갈지자를 그있다 막걸리도 몇 사발 껴들었던 것 같았다 튀밥 솥 밑에서 봄꽃이 피던 소리는 변함없었다 자랑스럽거나 부끄러웠다는 말들이 그저 한 몸 같았다.

저녁의 연극

 관중석에 앉아 무대 위 관객들의 대사와 몸짓을 보아주는 단역이다 주연급에선 멀어졌지만 때를 맞추어 박수를 쳐주어야 하는 장면에서 혼신을 기울여야 하였다

 무대의 관객들이 객석의 배우들 쪽으로 배꼽 인사를 올리고 나서야 옆에 앉은 출연진들과 함께 소극장에서의 공연은 끝이 났다

 호프집에서의 배역이 한 장면 더 남아 있었다 골목 세트장은 쌀쌀했고 저녁의 무대 위로 들어서는 연기 시간 위로는 바람이 불어갔다 마타리 이파리들처럼 길가에 늘어선 불빛의 소품들 곁에서는

 저녁이라는 이름을 가진 얼굴 없는 배우 하나도 꽤나 열연에 빠져 있는 모습이었다.

좋은 날

 장에 간 엄마는 잘 안 오시는 것이다 우리 엄마 안 오시네* 엄마처럼 기다리는 것이다 배추를 팔아 신발을 사 오실 엄마

 엄마는 신발을 잊고 엄마는 빨랫비누만 소금 됫박이나 사 들고 돌아오는 것이다 좋은 날이란 신발은 오지 않고 좋은 날만 따라왔던 것이다

 언 발로 사위를 찌고 사라진 고라니의 겨울 산정도 신발처럼 저 너머에 솟아 있었던 것이다 고라니는 떠나가고 좋은 날은 혼자 남아 기다렸던 것이다 고라니도 신발을 깜빡했다고 들켜주었던 것이다 엄마처럼

 좋은 날은 어디선가 제 신발을 찾아 신고 오고 있는 중이었던 것이다.

*기형도.

발해로 가는 저녁

발해에서 온 비보 같았다
내가 아는 발해는 두 나라의 해안을 간직하고
있었던 미쁘장한 한 여자였다
마을에서는 유일하게 자전거를 다루어 들을 달리던
선친의 어부인이기도 하였다
학교 가는 길에 들렀다던 일본 상점의 이름들을
사관처럼 늦게까지 외고 있었다
친목계의 회계를 도맡곤 하였으나
사 공주와 육 왕자를 한몸으로 치러 냈으나
재위 기간 태평성대라곤 비치지 않았던
비련의 왕비이기도 하였다

막내 여동생을 태우고 발해로 가는 저녁은
사방이 아직 어두워 있었다
산협들을 연거푸 벗어나자
곤궁했던 시절의 헐한 수라상 위의
김치죽 같은 새벽빛이
차창에 어렸다가 빠르게 엎질러지고는 하였다
변방의 마을들이 숨을 죽여 잠들어 있었다

병동의 복도는 사라진 나라의 옛 해안처럼 길었고
발해는 거기 눈을 감고 있었다
발목이 물새처럼 가늘어 보여서 마침내 발해였을 것 같았다
사직을 닫은 해동성국 한 구가
미처 닿지 않은 황자나 공주들보다 먼저 영구차에 오르자
가는 발목을 빼낸 자리는
발해의 바다 물결이 와서 메우고 갔다
발해처럼만 같았다.

마루

 그가 이 장원莊園의 백년손님이었다는 사실을 전 쟁반을 들고 왔던 행랑 처자가 놓고 갔다 품이 깊었던 친구의 심성이 미더웠던 순간들이 떠올랐다 마음이 시켰을지도 모르는 동작으로 신발코를 공손하게 돌려놓아 주었다 백년 전부터 그래 왔다는 듯 검고 부드러운 윤이 슬어 있었다 마루라고 불리던 그런 일 앞에서였다.

소년

 망초 밭이 따라왔다 부추밭이 더 열심히 따라왔다 먼 물상회 차부 앞의 한 봉지를 갔었다 심부름을 밀가루 봉지에는 어른이 되어서도 찾아 나서야 할 국수틀을 돌리던 하염없는 일과 상여 꽃을 접어 파는 무섭고도 아름다운 일을 치르던 친구네 사이에 끼어있는 먼지 푸석한 점집의 문턱 한 줄이 담겨 있었다 무섭고도 아름답기로는 점집 안도 환했던 것 같았다 궁금한 데가 많았던 하얀 분紛같은 하루는 어디에서 날아왔을까 밀가루 봉지를 싸맨 신문지에 와 걸렸던 갈래 어디로 바람아 너도 차부 앞의 큰 길에서 돌아오던 그때 군데군데에서 더듬거렸던 것 같았다.

와온에서

와온*에서는
세상의 모든 해가 여기 와서 죽는다

저녁밥, 쌀을 씻을 때도 뜨물 같은 게
한참이나 흘러 나왔다

죽음 쪽으로 가까워지면서
한결 뚜렷해지던 쌀알들처럼
석양도 자신의 얼굴을 씻는다는 것인지

와온의 일몰에게로 눈을 맞추고 서 있으면
너를 향하여 들려주었던
마음 붉혔던 말 한마디가

와온의 하늘만큼
이글거려 보이기는 하였는지

저만큼의 내용으로 타 올라보지 않았다면
무엇으로 사랑한다고 외쳐주었던 일이었는지

아무것도 남길 필요가 없어진
마지막 같은 표정이 되어
와온의 노을 민큼으로 찬란해볼 수 있었겠는지.

*전남 순천에 있는 석양이 아름다운 바닷가 마을.

바다를 바라보며 서 있다

1
먼 훗날이 흐르도록 변하지 않을 일이 있다며
너는 오늘도 바다를 바라보며 서 있다

그사이에, 서로 지치도록 쳐다보았을 것이니
무엇으로 맺어진 언약의 벌이었을까
바라본다는 간절함에게 대고 말하는 대신
제 귀를 한번 만져주기도 하였던
오후가 오면

그 귓불에서 피어오르던 청색의 풍경소리 너머까지

2
그보다 훨씬 덜한 것을 두고 왔어도 그럴 것인데
어쩌면 어디선가 영원을 입에 올렸을지도 모를
오래된 물결 위의 파도소리가
난간에 부딪쳐 물보라를 일으키는
순간이 되었더라도
그 말 한마디 지나가는 눈비에 젖게 되거나
물결의 이빨에게 물려 상처가 나게 되더라도

이 저녁의 풍경처럼은 뚜렷하게 들려야 하리라며
자꾸만 너는 바다를 바라보며 서 있다

3
김제 바닷가 눈썹 고운 절집의 이름 하나는
문득, 망해사.

너라고 쓴다

솜꽃인 양 날아와 가슴엔 듯 내려앉기까지의
아득했을 거리를 너라고 부른다

철새들의 한 떼를 날려 보낸 뒤에도 여전히 줄어들지 않았던
높다란 하늘을 너라고 안다

그날부턴 당신의 등 뒤로 바라보이던 한참의 배후를
너라고 말하기로 한다

더는 기다리는 일을 견딜 수 없어서, 내가 먼저 나서게 된
아침의 먼 길을 너라고 쓴다

네가 사는 마을의 담장 앞까지 왔다가, 그 앞에서
돌아선 하룻날의 사연도 너에게서 왔다

한 번쯤은 혼자서 쓸쓸한 모퉁이를 돌아가는 동안
네가 있는 쪽으로 내가 기대고 싶었던 마음을
너라고 부르기로 한다

사방에서 사방으로 눈이라도 멀 것만 같은
이 저녁의 적막을

너에게로 가만히 알리기로 한다.

사랑의 일 초 1

사랑이
사랑을 만나
사랑을 완성하는 시간은
일 초 밖에 걸리지 않았습니다

사랑으로 태어난 일 초는
지나가버린 일 초도
지금의 일 초도
어디선가 오고 있던 일 초도
모두 다 같은 의미의 시간입니다

반드시 제 몫의 시간일 것이며
제 탓의 시간입니다

어디까지만 내 것이고
어디서부터는 남의 것이 될 수 없는 시간입니다

사랑의 일 초 동안은 머리 위로 와서 쌓이고
사랑의 일 초 동안은 손톱 밑으로도 스미고
사랑의 일 초 동안은 발바닥을 간질여 주기도 합니다

일 초들은 거의 십만 년쯤을 통과해서 옵니다

병과 죽음까지 온갖 고통의 시간들이
일 초 동안을 갈라놓거나
등을 돌리게 하여도
일 초들은 반드시 되돌아서 오고 맙니다.

십만 년의 사랑

너에게로 닿기까지 십만 년이 걸렸다
십만 년의 해가 오르고
십만 년의 달이 이울고
십만 년의 강물이 흘러갔다

사람의 손과 머리를 빌려서는
아무래도 잘 헤아려지지 않을 지독한
고독의 시간
십만 년의 노을이 스러져야 했다

십만 년 전에 함께 출발했을지 모를
산정의 별빛 아래
너와 나는 이제야 도착하여 숨을 고른다
지상의 사람들이
하나둘 어두움 속으로 문을 걸어 잠그기 시작하였다

하필이면 우리는 비탈진 저녁 산기슭에 이르러서야
가까스로 서로를 알아보게 되었는가
여기까지 오는데 십만 년이 걸렸다

잠들어가는 지상의 일처럼 우리는 그만 멈추어도 된다
더 이상의 빛을 찾아가야 할 모든 까닭이 사라졌다

천 번쯤 나는 매미로 울다 왔고
천 번쯤 나는 뱀으로 허물을 벗고
천 번쯤 개의 발바닥으로 거리를 쏘다니기도 했으리라

한번은 소나기로 태어났다가
한번은 무지개로 저물기도 하였으리라

물방울들이 모여 물결을 이루는
멀고도 반짝이는 여정을 우리는 왔다

태어난 자리에서 그대로
날아오른다는 의미로 불려지던
나비처럼
날고 또 날아올라서 여기까지 왔다

바다 속이라도 거슬러 오르려는
거꾸로 붙은 비늘의 이름

은빛의 역린같이

너에게로 닿기까지 십만 년이 걸렸다.

사과를 깎았던 저녁

너와 헤어지고 온 저녁에
사과를 깎았다
생각해보니 그동안은
무심코 베어 먹었던 사과
껍질을 아무렇게나
쓰레기통에 넣어버렸던 사과를

접시에 두 쪽으로 갈라놓고 났더니
지금처럼 떨어져 있어야 하는 우리 사이를
가만히 떠올리게 해주었던 사과

한 조각만 입으로 가져가보니
너를 보내놓고 혼자서만 돌아왔던 시간에
접시에는 한 조각만 남아있었던 사과를

깎았던 저녁.

별 물

 너 때문에 목이 말라서 마실 물 한 잔을 따랐는데, 그릇 안에 별 모양 같은 게 떠서 어른거린다 무슨 수로도 건져 내지 못하고 말았다

 어쩔 수 없다

 마른 목 속으로 천천히 별 물을 마시고 말았다 그때부터 손바닥에도, 손바닥이 스치는 손자국에도 틈만 나면 묻어나오던 별의 기척을 어쩌나 너 들어와 있던 가슴은 또 어쩌나.

3부

천천히 와

콩잎은 바람결에 흔들렸던 거디었다

 그늘도 푸른 산 비알에서 할마씨는 홀로 콩밭을 매었던 거디었다. 콩잎은 바람결에 흔들렸던 거디었다. 푸른 바람의 시간 녘이었던 거디었다. 새참거리 삼았던 막술 몇 사발이 그만 갑작스런 오줌발로 밀려왔던지, 할마씨는 손을 놓고 콩 두렁 한 두덩을 맞춤한 발판 삼아 궁뎅이를 사알짝 까발렸던 거디었다.

 오매, 어쩌다가 이런 숭한 일이…… 할마씨는 자망하여, 순식간에 온 산 청그늘 때깔마저 어지럼이라도 이는 듯이 노오랗게 물들었던 거디었다.

 세상천지에 이런 낮도깨비가 또 어디 있을랑가. 분명코 어느 낯선 손길 같은 것이, 부드러우면서도 간질거리던 그런 것이, 그 옛날 할바씨의 수작이라도 되는 양 하는 것이, 할마씨의 벗은 궁뎅이를 스쳐주고 사라졌던 거디었다. 옹가슴 언저리도 콩당 거리게 했던 거디었다.

 생각사록 난감한 일이었으매, 할마씨는 차마 그 숭한 것을 향하여 고개 한번 돌려보지 못하고 말았던 거디었다. 시침 떼고 돌아앉아 호미질만 새삼 채근했던 거디었다.

콩잎은 바람결인 양 살랑거렸던 거디었다. 풋물도 불러가는 콩꼬투리사, 저것들도 옆구리마다 불러오던 웃음기 싱긋생긋 머금어주었던 거디었다.

하늘이처럼 시를 읽었다

산벚꽃 지고 나면 사람들은 서둘러 떠나갔다
봄도 그렇게 가고 말았다
가버린 것들은 봄만이 아니어서
마음 괜히 싱숭생숭해져 오는 날이거든
객사客舍 너머 바라보이는 선운산 언저리더러
받침 하나 날리고서 서운산이라 불러보기도 했다
선운산이 까닭 없이 서운산이 되어버리던 그런 날은
무르팍 아래쪽으로 뭔가가 좀 그랬다 서운했다.

그런 날은 하늘이 마냥 애먼 가슴의 시나 한 편 끄적여 보아도 좋을 듯했다. 여기 와서 시나브로 위아래를 삼았던 도솔점방 봉진 형네 가게 터에는, 청록파만큼이나 웃질의 시 밭을 경영하는 야무진 행색이 하나 기거하고 있었다. 진도 물을 홀랑 뒤집어쓴 째진 눈매의 황구 한 마리, 그러나 그는 분명 선운산 골째기가 배출한 카랑한 목청의 가객임에 틀림없어 보였다. 인적 끊긴 점방 앞의 늙은 도토리나무 숲 속으로 고향 쪽에다 머리 에두른 바람이라도 한 줄기 불어가면, 그도 숲 위에 걸린 달그림자에 대고 오지게도 윙월월月을 읊어 올렸다.

그런 날이면, 사람 좋은 봉진 형네 양주께서도 푸지게
한 상 내어오던 일이 예사로워져서
서둘러 부딪쳐 보기도 했던 거시기해진 심사들도
하늘이처럼 목이 길어져
저마다의 시 한 편씩을 꺼내들기도 해보았다.

치욕에 대하여

내 안에는 지금도 스승이 하나 살아 있다
언젠가 그에게 참으로 힘없이 무릎을 내준 적이 있다
고개를 조아리고, 시덥잖게 눈물을 내준 적도 있다
그때마다 푸른 안광으로, 대나무처럼 꼿꼿하던 스승
입술을 비틀던 스승
회초리를 들어 등짝을 후려치기도 하던
스승은 요즘도 가끔 꿈속 같은 데서 나타나
발을 걸기도 했다 화를 돋우기도 했다
우라지게도 변함없는 그 모습 앞에서
별수 없이 식은땀에 젖어서 그를 치켜다보았다
스승은 그렇게 아직까지 나를 보내지 아니하였고
차라리, 어느 날엔가 내 안에서 그를
댓바람에 마중 나가고 싶어져서, 저만치서 다가오는
스승의 가슴패기를 냅다 걷어차 버리고도 싶었다
더는 배우고 싶지 않은 스승을 향하여
당신의 괴나리봇짐을 내어주고, 서둘러 그를
하산시켜버리고 싶어졌다

치욕이여, 그래도 그 스승 밑에서
여태까지 한 수 잘 배웠다.

천천히 와

천천히 와
천천히 와
와, 뒤에서 한참이나 귀울림이 가시지 않는
천천히 와

상기도 어서 오라는 말, 천천히 와
호된 역설의 그 말, 천천히 와

오고 있는 사람을 위하여
기다리는 마음이 건네준 말
천천히 와

오는 사람의 시간까지, 그가
견디고 와야 할 후미진 고갯길과 가쁜 숨결마저도
자신이 감당하리라는 아픈 말
천천히 와

아무에게는 하지 않았을, 너를 향해서만
나지막이 들려준 말
천천히 와.

저, 감옥

사랑한다고애써말해버렸다.

저녁의 시

저녁이 온다고 마을이 저 혼자서 아름다워지랴
한낮의 겨운 수고와 비린 수성獸性들도 잠시 내려두고
욕망의 시침질로 기운 주머니 속의 지갑도 찔러두고
서둘지 않아도 되는 걸음으로 돌아오기도 하는 때
돌아와 저마다의 창에 하나씩
등불을 내걸기도 하면
그러면 거기, 사람들의 마을에는
멀리서도 깜박이는 환한 물감 방울이 번지기도 한다
그렇게 식구들의 정다움 속으로
방심과도 같은 마음의 등을 내려놓기라도 하면
머리 위의 하늘에선 지상地上에서의 계급장과는
아무런 상관이 없을
별들의 수런거림이 일렁이기도 하는 때

저녁이 오면
저녁이 오면

어디선가 집집의 처마이거나 이마 위를 어루만지며
스스럼없는 바람의 숨결 같은 것이
느려진 시간의 긴한 뒷등을 스치며 지나가기도 한다.

멀리 있어도 사랑이다

 눈앞에 당장 보이지 않아도 사랑이다. 어느 길 내내, 혼자서 부르며 왔던 어떤 노래가 온전히 한 사람의 귓전에 가 닿기만을 바랐다면, 무척은 쓸쓸했을지도 모를 서늘한 열망의 가슴이 사랑이다.

 고개를 돌려 눈길이 머물렀던 그 지점이 사랑이다. 빈 바닷가 곁을 지나치다가 난데없이 파도가 일었거든 사랑이다. 높다란 물너울의 중심 속으로 제 눈길의 초점이 맺혔거든, 거기 이 세상을 한꺼번에 달려온 모든 시간의 결정과도 같았을, 그런 일순과의 마주침이라면, 이런 이런, 그렇게는 꼼짝없이 사랑이다.

 오래전에 비롯되었을 시작의 도착이 사랑이다. 바람에 머리카락이 헝클어져 손가락 빗질인 양 쓸어 올려 보다가, 목을 꺾고 정지한 아득한 바라봄이 사랑이다.

 사랑에는 한사코 긴한 냄새가 배어 있어서, 구름에라도 실려 오는 실낱같은 향기만으로도 얼마든지 사랑이다. 갈 수 없어도 사랑이다. 혼魂이라도 그쪽으로 머릴 두려는 그 아픔이 사랑이다.

멀리 있어도 사랑이다.

어디 숨었냐, 사십마넌

 시째냐? 악아, 어찌고 사냐. 염치가 참 미제 같다만, 급허게 한 백마넌만 부치야 쓰겄다. 요런 말 안 헐라고 혔넌디, 요새 이빨이 영판 지랄 가터서 치과럴 댕기넌디, 웬수 노무 쩐이 애초에 생각보담 불어나부렀다. 너도 어룰거신디, 에미가 헐 수 읎어서 전홯 들었다야. 정히 심에 부치면 어쩔 수 없고

 선운사 어름 다정 민박집에 밤 마실 갔다가, 스카이라던가 공중파인가로 바둑돌 놓던 채널에 눈 주고 있다가, 울 어매 전홯 받았다. 다음 날 주머니 털고, 지갑 털고, 꾀죄죄한 통장 털고 털어서, 다급한 쩌언 육십마넌만 서둘러 부쳤다.

 나도 울 어매 폼으로 전홯 들었다.

 엄니요? 근디 어째사끄라우. 해필 엊그저께 희재 요놈의 가시낭구헌티 몇 푼 올려 불고 났더니만, 오늘사 말고 딱딱 글거 봐도 육십마넌빼끼 안 되야부요야. 메칠만 지둘리면 한 오십마넌 더 맹글어서 부칠랑께 우선 급헌 대로 땜빵부터 허고 보십시다 잉. 모처럼 큰맘 묵고 기별헌

거이 가튼디, 아싸리 못 혀줘서 지도 참 거시기 허요야.
어찌겄소. 헐헐, 요새 사는 거이 다 그런단 말이요.

떠그럴 사십마넌 땜에 그날 밤 오래 잠 달아나버렸다.

은빛 비늘의 순간

 법성포가 가까워지자, 저만치서, 한 쌍의 물고기를 닮아 있던 흔들림이 유영流泳처럼 다가왔다. 멀리서 보일 때는 조기의 머리 같기도 하던 그림자가 자그맣게 글썽였는데, 지나칠 때 보니까 그게 아니다. 둘이서 손잡고 걸어왔는지, 소녀의 볼우물 언저리엔 엷은 분홍 물도 배어 있다.

 법성포 바다의 어느 조기 한 쌍들도 저렇게 먼 바다 건너왔을까.

 종고綜高의 하굣길을 나서 흩어지던 법성포의 아이들도 한 바탕의 조기 떼처럼 풀려 있다. 그때까지도 어깨를 나란히 겯던 한 쌍의 조기 닮은 발걸음이 마을 쪽으로 멀어지고 나면,

 이제 막, 비릿하고도 반짝이던 비늘의 시간과도 같은 순간이 스치고 갔다.

참, 작다

운동화 빨 때 썼던 칫솔로 이빨을 닦은 적이 있다
예전에 당나라 가는 길이었다던 한 스님은

그 길로 무릎을
타악, 치셨다는 것이었는데

나는 고작
침이나 뱉고 투덜대고 말았을 뿐이다.

구석

 시로 삼아 시집에 넣기에 만만한 것이 하나 있다. 외진 상가 부근(삼천리표 자전거 대리점 옆)이거나, 물 간 고등어 한 손 같은 것들로, 해찰 많은 걸음에 기대어 남부여대하던 허름한 장바구니의 동구 끝에 퍼질고 앉아 있기도 한다. 대량생산을 위해 벨트를 걸거나 자동 라인을 가동하지 않아도 되는 마지막 수공업과도 같은 이발소여, 그렇게 시집과 이발소는 여겨볼수록 닮아 있다. 하나는 4천 원 하던 제 몸값이 6천 원이 되기까지 꼬박 십년 넘게 걸린 영구(앞니 두 개 빠지고 칠부 바지 걸친) 닮은 것의 이름이며, 다른 하나는 더 말하여 무엇 하리. 찜통에 데운 온수 한 바가지를 물뿌리개에 담아 흘러내리는 비누거품을 잰 손길로 씻겨주고 나면, 그새, 물려놓고 온 장기판 앞으로 쪼르르 달려가던 변함없는 버르장머리는 누구도 어쩔 수 없다. 애초부터 그들에겐 사훈社訓이라곤 없다. 강령도 따로 없어서 꼴리는 대로 행간을 내거나 가르마를 타기도 한다. 삐걱임 많은 의자에 걸터앉은 녹슨 바리캉에 틀기름을 치기라도 하듯이, 그래도 어디 쓸 만한 낱말 하나 찾아 나서다 보면, 저절로 쓸쓸해지기도 하던 시의 저녁 무렵이여, 두 구석이 닮았다.

토란잎 우산 같은 것에 대하여

 아직도 그런 게 남아 있는지 모르겠지만, 왠지 토란잎 우산 같은 것에 대하여 한 번쯤은 이야기하고 갔으면 싶어지네.

 어느 수수롭던 바람의 길 모서리쯤이던가, 어쩌다 토란잎 우산과도 닮았던, 푸릇한 일순이 불쑥 떠올라주거나 흔들리기도 했던 날이 있었다네.

 그게 어디 우산이었겠는가만, 어깨도 벌써 다 젖어버리고 이마에 찬 빗방울도 토닥였던 것이었지만, 토란잎 우산과도 같았던 것들이여. 그것들은 어쩌면 우리들이 이후로도 오래 견디며 살아가야 할 찌푸린 세월의 저쪽에다 치받아보았을, 그 중에서 아직까지 지워지지 않았을, 한 잎의 까마득한 그리움일 수도 있었다네.

시에게 미안하다

미안하다

나는 언제 옷 벗어부치고 시 써본 일 없었으니

나탈리 망세.* 스무 살의 그 여자가, 벗은 몸으로, 눈부신 대낮 같은 겁 없는 육체의 순간으로, 홈씬 껴안아선, 힘주어선, 사람들 앞에서 악기를 연주할 때, 그녀에게 첼로가 단지 첼로뿐이었으랴. 사랑한다고 감히 주절거려본 적 있었는가. 그 앞에서 제대로 너를 벗어준 적 있었는가.

미안하다
시야.

---

*스위스 출신의 첼리스트. 클래식 음악의 대중 접목을 시도하는 누드 연주자로 알려짐.

슬픈 일 앞에서는

우리나라 늙은 여자들
아이고 ~ 어머니
아이고 ~ 어머니
제 호칭들을 불러 세워

하필이면 한사코
제 자신들을 앞에 세워.

마흔 살 너머, 새벽 기차

새벽 기차는 먼 길을 달려와
차창에 성에 하얀 누비옷을 입고
마흔 살 너머 한 새벽
언제나처럼 들고나는 것
사는 일 어쩌면 길고도 오랜 먼 길 배회였기에
추운 거릴 지나 닳은 발걸음
나 또한 여기 서 있네

사라져 갈 창밖의 풍경들
언뜻 눈 마주치듯 지나는
마침내 누구에게나
찾아오게 될 저 마흔 살
서늘한 역사 지붕 너머로 기적이 울리며 지날 때
기차보다 빨리 가는 저 마흔 살 너머

시린 미명의 여정 저쪽으로
비끼는 바람결의 함성 일으켜
그래도 아직 스러지지 않을
청춘의 흔적을 향해
성성한 질주의 머리채를 흔들어 대며

기차는
기차는
새벽기차는 달린다.

나는 아직 사랑의 시를 쓰지 못하였네

마땅히 사랑이라면
한사코 뒷날의 아침을 예감해야 하는 일이었네
거기 푸르러 오는 수만 평의 대지 위에
아프게 뿌리 내리고, 쓰라리게 잎자리 틔워야 할
세월의 무늬 또한 아로새겨볼 일이었네
사랑이라면
애써 지워보려고 눈을 감아도
어찌할 수 없는 상사想思의 시간은 저 먼저 와서
가슴으로는 그 사이
만산의 홍엽같은 속수무책의 물들어 버림이기도 할 일이었네
때로는, 넘어지고 일어나 그대로 가야만 될
막막한 밤길의 행로
소슬한 바람의 발자국 소리 곁에서도
마침내 뚝뚝 듣던 차디찬 빗소리 곁으로도
그러나 짐 지기로 한 무거운 기약일 수 있겠네
사랑이라고 이름 지워준 이 화인火印의 노래는
지는 꽃잎의 서리 내린 계절에서도
폭염의 지친 햇살 아래서도
반듯이 그 하늘은 푸르르겠네

나는 아직 사랑의 시를 쓰지 못하였네

그러나 사랑이라면
함께 견뎌 이룰 수 있는 마지막의 절정까지
그 길 위에 내몰린 쓸쓸하고도 아름다운
형극의 먼 길 위에 서있는
기꺼움이고야 말 일이었네.

호된 옛 노래

눈을 뜨면
거기
너, 있었던

고개를 돌리면
문득
너, 있을 것 같았던

한번은 일몰의 시간이었는데
시내버스를 한 정거장이나
따라갔었던

차창으로는
스쳐 지나갔던 차창 너머로는

너, 있었던
그러나 사실은
너, 아니었던

발병 같았던

환시와도 같았던

오래된, 머언,
마음의 일이었던.

탱자꽃에 비기어 대답하리

毒가시들 사이로 피어난 꽃
만약에 누군가 내게 그리움에 대하여
묻는다면

탱자꽃에 비기어
대답하리

그것, 그 작지만 완강한 꽃잎에 비기어
대답하리

그렇게 나마
내 마음의 토로가 되었다면
우리 생의 어느 한 꼭지점이
까마득한 창천의 푸른 상공쯤
비익조比翼鳥, 깃 지는 소리를 내어
먼 곳을 향해 날아올라 버렸도 좋았으리.

순간의 和音

산이山二라는 면소의 풀길 위에서
아무래도 잘못 든 것만 같은 길을 물었다
아니나 다를까, 초입부터 한참이나 에돌아 왔노라고
이제 갓 중학교에 들었음직한 맨 종아리가 붉은 소녀는
아슬한 손짓 추켜세워 왔던 길 돌려세우려는데
손 끝 따라 바라본 고개 너머 하늘이
저렇게도 흘러내릴 것만 같은
황토 빛이다.

일순보다도 더 짧은 찰나의 순간이었지만
다만 그 하늘빛만으로, 잡스런 세상일이 무망해지고 만
두 사람의 눈길이
온통 먹먹한 정지에 휩싸이고 말았을 때
가야 할 길의 행방 같은 것이야
심중에서 아예 사라져 버리고 없었던 것이다.

4부

풍경은, 옛 연못을 지웠을지라도

그리움

원수보다도 용서보다도
깊은 것
흉몽의 긴 밤을 허우적거리다가
뒤척이며 깨어난 새벽녘에
이마 위에 푸릇푸릇 돋친
소름과 같이
온몸으로 으스스 들던
한기와 같이
그렇게 차고 맑은 것!
독약보다 더 어둡고
쓰라린 것.

들쑥 향내는 바람에 날리고

 누야는 막내를 업고 나는 새참 보퉁이 마을은 벌써 등너머서 끝이나 산입山入의 탱자나무 길 고적한 울타리가엔 누군가 흘려놓고 간 상여꽃…… 하얀…… 상여꽃…….

 어디선가 들쑥 향내는 바람에 날리고

 미영꽃 하얀 미영밭 속에 할매는 영락없는 한 송이 미영꽃 엄니는 흙 묻은 젖무덤 열어 엉거주춤 뒤태 돌아앉으면 우리 식구 그 산밭머리에

 어디선가 들쑥 향내는 바람에 날리고

 한 삼년 미영농사 벌어 이불 세 벌 짓고 나면 누야는 삼십리三十里길 시집가는 길 꽃처럼 그 길 위에 흘려놓고 간 손수건…… 하얀…… 손수건……

 어디선가 들쑥 향내는 바람에 날리고.

시는 쓰러지거라

 희미한 옛 사랑처럼…… 막다른 골목의 저녁 노을처럼…… 한 시절은 그렇게 스러져갔노라고…… 시대의 사랑법도 바뀌었노라고…… 고상한 뒤 폼들을 구가하며…… 누군가는 새로운 공법의 비급을 좇아…… 오리무중의 장난질 닮은…… 안개의 서정 너머로…… 홀연히 잠적하였거나, 등 돌아 나섰더라도…… 그래도 너의 시는…… 깍두기 한 사발과 콩나물 한 접시…… 뽀얗게 김이 서린 옹배기를 내려놓고 가던…… 국밥집……늙은 주인의 손길 아래…… 죽은 살코기와 허연 뼛국물이 이루어놓은……혼곤한 국물 속으로……

 시방·여기·이곳과 더불어
 힘없는·버림받은·죽어가는·온갖 것들과 더불어

 덜 삭은 김치가닥이 엉겨 붙은…… 토사물 질펀한 공중변소 앞에서…… 그 변소 오물을 치우는 물바랜 새마을 모자…… 김씨나 박씨 곁에서…… 그들의 왜소하고 쓰라린 등덜미 뒤에서…… 시는 쓰러지거라…… 거기에서 다시 일어서거라…… 아니, 아니…… 코를 처박고 엎어져 뒹굴기도 하거라……

리발 황씨

역전 앞 어깨들도 한수 집어주었다던 옛날 버릇으로
어쩌다 얽힌 팔씨름 장난에도 중팔 고집하던 그였지만
정작 솜씨 부려볼 만한 하이칼라 신사들일랑
사거리 신식 리발소에 길 건너가고
방위병 사내들의 배코나 밀면서
동네 코맹맹이들 잔 머리칼이나 날리면서
어느 결 어눌해진 윗녘 사투리엔 칼칼함도 녹슬어
통반장 나으리만 저만치 스쳐가도
저 먼저 일어나서 허리 꾸벅이던 리발 황씨
금간 세월의 리발소 모퉁이에
막술내 진한 오줌발 한줄기 툴툴 털어놓고
마음 없이 몸만 돌아서서 흥얼거려보는
가거라 삼팔선 한 대목 위엔
저물어가는 황혼의 하루가 여전한 막막함인데
속내에 간직한 통고집 보따리 하나 아직 깐깐하여
통반장 나으리들 어지간한 협박에도 아랑곳없이
저번날 대통령 찍으러 가던 길에도
오늘 아침 국회의원선거 가던 참에도
리발소 유리창에 굽은 등 꼿꼿이 세워 물걸레 걸치고 서서
온전한 나라 보기 전에는
마음에도 없는 그 짓, 내레 상관없다고.

봄 밤

 그는 오늘 괜시리 낮술 한잔 붉었다. 취기 오른 마음 빈 마당 한 차례 둘레거렸다. 세한 한철 함께 난 토방가 늙은 닭 한 마리, 양지녘 서성이는 벼슬 위로 몸 푼 햇살의 기미 눈에 겨웠다. 그예 뒤통수 근질거려 고개 돌리매, 눈매 샐쭉하게 흘긴 이녁의 얼굴 불현듯 거기 있었다.

 이보소, 이리로 좀 가까이 보세
 오늘은 이내 마음도 괜히 허망허이
 저기 저 어지럼증 도는 지랄 같은 천지간의 기색
 봄이런가보이
 지지리도 험상궂게 건네 왔던
 속울음도 성성한, 다시 또 봄이런가보이
 오늘 하룰랑 그리운 옛날 같은
 춘색春色에 기대놓고
 어따, 이 사람아 이리로 좀 보잔마시.

 별스럽다고 남세스럽다고 도리질 까불었던 점순네였다. 그래도 그는 한사코 읍내 가는 오토바이 발동 걸었다. 연초록 바람결은 귀밑머리도 한바탕 헤집고 갔다. 아릿한 들내음속에 희끗희끗 스쳐가던 옛 기억도 있었다.

초저녁 살포시 내린 담 그늘 짙어서야 내외로 얼굴 붉어 돌아온 두 사람. 귀냄이 양반 풀어헤친 마음밭 가에 우련 밤꽃 한 소쿠리 피어올랐다. 그날 밤 일찌감치 그 집의 불빛 다급하게 꺼뜨린 거친 손길 있었다.

오매! 뭔 일이다요
어따, 이 사람아
봄밤 아닌감.

저문 꽃 뒤에서야

저녁 꽃 저물어서야 아침 꽃은 피누나

아흔여섯 해
우리 할머니
쫓기듯
젤 먼저 일어나
집 앞 쓸어놓는다

그 길을 밟고
아이가 학교에 간다.

운주사* 臥佛

너희가 너희의 생애 안에, 이미 돌이킬 수 없는
갖은 혐로들을 팽개치고 나와
더러는 여기 코 없는 미륵으로도 앉고 서고, 혹은
이 벌판의 가시밭길 초입에 이르는
어느 한뎃잠의 먼 길 위에서
무명의 지푸라기들로 스러지기도 했노라고 전해오느니
나 또한, 너희로부터 비롯된 불우한 신화의 주인공으로
이 남루한 산정의 그늘진 비탈 가에
마치 그 시절, 장형杖刑 아래 어긋니버린 고단한 하초의
무거움으로 고이 누워버렸거늘
때로는 스산한 가을 산야의 마른 잎 쓸려가는 기척 너머
지금도 간간이 여기 와서, 내게 일러주고 받기도 하던
아아! 그날 새벽 우리가 함께 꿈꾸었다던
불온한 내세의 가뭇한 안타까움이여…….

그렇다고 어디 내 한 몸이 천지개벽의 부릅뜬 일념으
로 먹먹한 아랫도리를 한차례 뿔깡 일으켜세운다 한들
저기 저 개망나니 같은 서울이 여기 와서 덥석 무릎을 꿇
어줄 일이었으며 닻 없는 상상의 빈 배 한척인들 지척의
중장터 마당 도화桃花네 술청 마루 몰래 익은 밀주 한 사

발 곁이나마 흘러갈 수 있어 마른 목 축여줄 수 있었으리

  어쩌면 너희가 이 계곡 안 처처에
빼곡하도록 세우고 쌓았던 발원의 형체들과
고개 너머 아득한 무지개 정토淨土라는 것이
실상은 지금 저 아래
어머니의 적삼 띠 같은 수수로운 논둑길 위로
통통 배를 불린 종자 소 한 마리를 끄덕끄덕 앞에 세우고
공복의 호된 쓰라림 곁에
슬픔처럼 훅훅 더운 밥내가 끼쳐오던
늦저녁의 사립문 앞을 들어서는
甲수나 乙수
저들의 묵묵한 발걸음들처럼
오래 견뎌 이르러야 할 구부러진 현세의
시간의 층층 위에
천 번을 쌓고 천 번을 허물기도 하였을
그리움의 한 방편 같은 것은 아니었으리
그리하여 나는, 애시당초 누워 있기 위하여
평평한 돌팍 위에 새겨진
이름 그대로의 와불은 또 아니었으리

그러나 아직 너희들 중의 누군가가 직립의 온전한 꿈을 저버리지 못하고 너희들 생의 그늘 깊은 안쪽을 물길 삼아 이 산중 바다의 한가운데 속으로 운주運舟의 노를 적시고자 한다면 내 묵묵부답의 싸늘한 아랫도리 한 켠으로도 그 물결은 와서 찰랑거릴 때 비로소 나는 아직 일으키지 않았으므로 언젠가는 일어서야 할 와불

고단한 숙명 같은 마침내의 명명일 수도 있었으리!

* 전라남도 화순군 도암면 대초리에 자리 잡은 절. 지금도 구구한 추측으로 생몰의 근간이 비밀에 둘러싸인 이 조그만 절고랑은, 언젠가 황석영의 『장길산』 말미에서 다분히 소설적인 허구로 차용된 뒤로 세간의 입방아에 오르내리게 되었다. 졸시 역시 『장길산』이라는 소설의 허구를 밑그림으로 쓰어졌다.

풍경은, 옛 연못을 지웠을지라도

  늙은 호적계 직원이 무심한 습관의 손길로 복사기를 켜는 시간의 저편. 읍사무소 자리 아래에는, 오래 전 아름다운 설화와도 같은 방죽이 하나 있었지. 거침없는 기색으로 붉은 꽃의 화관을 밀어올리던,

  연蓮의 못아……

  그 둑방길 둘레에서 일어났던 누구누구의 춘정에 얽힌 뒷소리들은, 한동안 이 거리의 은밀한 풍문이 되어 흘러다니기도 하였지만. 복사기에 찍혀 나온 등본. 허망한 묵사墨寫 위에는 꽃물 든 옛이야기 어느 사연도 남아 있지 않았지.

  그렇게 사라졌음을 증거 하기 위하여, 누군가의 생년월일을 간단히 폐기해주기도 하던 사무실을 나서면서. 이 건물의 단호한 담장 밖으로 잘려나간 채 남아 있던, 늙은 상수리나무 반쪽 가지의 숲길 너머에 한동안 눈을 맞추기도 하면

풍경은, 스러진 기억의 희미함 뒤에서 스스로 더욱 낡아 버리기도 하였지만, 이제 막 출생신고를 마치고 나오는 이 읍의 아이들을 위하여, 그들이 새롭게 이르게 될 저 오솔길의 뒤 안에 저마다의 발자국에 스치고 갈 쓸쓸하고도 아름다운 이야기들을 바스락바스락 새겨주기도 할 것이어서. 풍경은 까마득히 옛 연못을 지웠을지라도.

흰 길이 떠올랐다

1

어떤 나이든 여자는 자신의 책을 내면서, 표지에, 젊은 날의 사진을 골라 버젓이 실어놓았다. 그리하여 기인 생머리칼 자락이, 그녀의 한가로운 한담집閑談集 안에서 물비린내를 흠씬 풍기며 출렁이고 있었다. 처음에 나는 터질 듯이 부풀어 오른 그 나이 든 여자의, 과거의 상반신에 대하여(탱탱한 유방 근처와) 그리고 그녀의 현재의 저의(?)에 대하여, 상당한 의혹과 유감을 가져보기도 하였다.

2

어머니는 한땀 한땀 바늘귀를 놀렸다. 당신의 그런 집착과 망아의 시간 곁에서, 나는 곧잘 실패라거나 골무 등속을 가지고 놀았다. 그리움에도 빛깔이 있다면…… 내게 있어 그 시간들은(귀머거리와도 같았던!) 어쩌면 온통 회색의 색감이었다.

어머니는 손바닥 만씩한 헝겊을 덧대어, 상보라거나 책보 같은 걸 기워놓곤 하였다. 언젠가 당신은 내게 힘들게 들려준 적이 있었다.(얘야, 나는 내 안팎의 상처를 깁곤

했구나.)

3

 마음의 실꾸리에 감긴 좌절을 재료삼아 그렇게 자신을 기웠노라던 한 여자(어머니) 내게도 문득 흰 길이 하나 떠올랐다 (흐릿한 길……), 혹시 그 여자들은 (늙은 여류 한담가와 어머니), 제각기 혼신의 힘으로, 자신의 옛날 사진 한 닢과 손바닥만한 헝겊조각들 속에서, 어느 여름날의 (사무치게 은성했던 날의) 숲길 앞에 이르는, 푸르름의 길 모서리 하나씩을 글썽한 눈매로 떠올려보고 있었던 것은?

 아니었는지도 모르겠다며, 내게도 오래 전의 먼 길이 하나 떠올랐다. 거기 가뭇한 유년의 강둑(강변)을 지나, 그 미루나무 숲길 아래를 아무렇게나 배회했던, 빛나는 이마를 가진 소년이 하나 이제 막 맨발의 푸른 길 너머로 길게 이어진 희미한 배경 속에서, 생시처럼 아프게 어려주었다.

봉숭아 꽃물
- 이모할머니

그날 이모할머니 우리집에 오셨습니다
모처럼 우리 할머니 얼굴에선
궁상진 쓸쓸함 걷혀 자리 털고 일어나시더니
아우님의 성가신 채근으로 집 안팎 둘러 보셨습니다
바라보아 언뜻 구분하기 어려운
늘그막 동기간의 굽은 잔등 너머로
늦여름 푸진 햇살 자락, 텃밭 우거진 쑥갓 잎에 내리고
장광 옹배기들 저마다 쨍쨍 빛이 나는데
토방 아래 두런거리는 오래 잊혀 진 옛이야기 소리
그 오후의 풍경 속에 슬픈 아름다움 서려 보였습니다

「내 요사이 꿈자리가 하도 뒤숭숭혀서
성님 헌티 먼 길이 생겼다냐 싶기도 허고
하루에도 멫 번씩이나 일손이 어긋나고 혀서
오늘은 만사 제쳐놓고 얼른 한번 댕기러 왔지라」

하루품이 아쉬웠을 농사 때
화급한 뒤태를 총총 뿌리며 논길 밭길 건너
훌쩍 내쳐 가셨던 이모할머니

바래고 돌아오던 길목의 상큼한 바람 속에서
나는 당신이 주신 말씀 한마디 다시금 돌이켰다가
왠지 모를 허망함으로 울컥 목이 메이고
평상시의 저 들녘의 넓이가
오늘따라 무엇엔지 아득하게 느껴져 왔습니다

「올해에는 꼭 잊어묵지 말고
할매 손톱에 봉숭아 꽃물을 들여 주거라
손톱에 꽃물을 들이고 가면
저승 가는 길목이 한결 밝단다」.

한평생
- 어머니 1

울 엄니는 열아홉 봄날 아침에 먼 길을 오셨답니다
그날 아버지네 마을의 햇볕들은 참으로 따뜻이 눈에 부셨고
마당가 꽃잎 틔운 살구꽃 그늘
그 아래 소년처럼 웃고 서 계셨던
아버지의 처음 모습을
울 엄니는 지금도 총총 기억하고 계신답니다
달뜬 울 엄니의 귀 언저리에
홍시 빛 부끄러움의 찐한 물이 들고
물든 그 가슴을 열어 난생 처음인 아버지를 맞던
첫날밤, 뒤채이며 세운 이른 새벽참엔
암도 모를 눈물도 한줄금 떨궜더랍니다
그렇게 하여 울 엄니는
그 집의 감나무 가지 하나 이쪽에서부터
저쪽의 살구나무 가지 하나 그 거리만큼
넉넉한 빨랫줄 한 줄을 내걸었더랍니다
빈 빨랫줄 위로 울 엄니의 평생의 날들이
물기 많은 빨래가 되어 지나갔는데
저 먹을 것 없었던 날들도 가고

저 깜깜밤중이었던 날들도 가고
아! 그랬답니다
그것은 스스로의 구속의 마음으로
당신이 매단 사랑에의 끈, 한 생애의 매듭 이었더랍니다
어쩌다 우리들 귀향 때면 울 엄니는 아직도
삭은 빨랫대 위에
지금은 당신 자신이 물기 빠진 빨래가 되어
허옇게 나부끼고 계신답니다.

궂은 날

궂은날
우리 동네 한뎃일로 사는 사람들 왕창 공치는 날
세멘일 채호형 김목수 맹관이 아재
약방의 감초 거간 황씨
그러고도 너댓 잡풀의 씨앗들……
광업소 보상금으로 쥐포 굽는 쩔뚝배기네 태양슈퍼
빗물 짜락이는 헐한 점방 마루에
설왕설래 점 백이 한판
시큼한 막걸리 사발로 어울렸습니다
피박에 광박을 곱으로 뒤집어쓰고
이마빡 가득 갈매기 그린 채호 형님
니기미 씨팔 좆도로 창문 밖 누우런 가래침 한 모금
뙥 내갈겼습니다
어따 이 사람아, 씨팔 좆도가 뭣이당가
그래도 우리덜이 모다 고것 끝터리에서 생겨 나왔응께
거기가 우리 덜의 아침저녁 같은 고향인 것인디
거간 황씨 쫑코 뒤에서 또 누군가는 맞장구로 받아
낄낄거림으로 달아오르고
호박죽 묵고 이빨 쑤시는 소리 그만허고
싸게 싸게 패나 돌리라고

별 들지 않은 태양슈퍼 썰렁해진 해름 참 앞으로
숭악한 빗물 한 자락 어지럽게 들치고 지나가면
니기미로 날 궂은
어느 궂은날.

지난밤의 하느님

 어젯밤 여기 가난한 마을에 임재하셨던 하느님들은, 스스로의 발화로 저를 사르고, 거기 가난한 인축人畜들의 지붕과 벽들을 덥혀주고, 흰 뼈로 앙상하게 부활하는 동안

 끙끙거리며 올라서기도 하는 저 겨울 아침의 굽은 골목. 곱은 손마디마다 연신 입김 어려 보이는 늙은 청소차 위로, 이제 막 어둠살 걷기 시작한 서기의 시간 가까이, 한 세상의 맑은 눈매는 저렇게도 형형 밝아오시나니!

먼 길

 뱀딸기 한 알 따먹고 나면 눈썹도 하나 주어야 했던가 그 길은 얼마나 아득했던가 뙤약볕에 찔은 주름진 말년을 할매는 호미자루에 매달려 콩밭 속에 사셨고 새참거리 심부름 나서는 그 길은 암만 들여다보아도 눈에 안 들던 억지시늉의 책상물림보다 차라리 내 적성이었던가 마음 푸르렀던가 멸치국물 곧잘 넘쳐나던 학표 주전자 된장 내 들큰한 새참 보퉁이로 구장터 해태점방 앞 지날 때 고무줄 넘던 가시내들 눈길 어리던 등 뒤의 괜한 쪽팔림 말고는 전매소 뒷길 탱자나무 그늘께 휘파람이나 한 소절로 마음 호젓했던가

 각시잠자리 꼬리짓에 홀려 오던 길 늦었던 그날따라 공회당 노을 내린 담모퉁이 너머 밤이면 살구꽃 꽃등 오르던 순실네 목로 앞에 똥꼬치마 입은 해사한 술 각시 하나 허연 허벅살 까고 앉아서 뒷물 철벅이던걸, 세숫대야 엎고 돌아서는 그 여자 다급한 귓덜미에 자짓 빛 콩꽃 몇 송이 어려 있었던가 벙글어도 주었던가 그렇게 오며가며 한눈도 팔고 모난 짓 미운털 촘촘히 박혀 벌처럼 매번 내 차지였던 절고랑 산비알의 부신 햇살 속 꾸불텅 뒤불텅 콩밭 가던 길.

옛집 마당에

바람도 한바탕 씽씽 불어라
세차도록 칼칼히 시원스레 불어
우리들 뛰놀았던 대숲 언저리
죽순 같은 희망으로 뾰족한 그리움으로
흔들어 들깨울 것들 죄다 깨워라

할머니의 텃밭 가득 토란은 살찌 알이 굵고
마늘은 여물고 상추꽃은 쇠어서
허옇게허옇게 머리 풀고 날려라

굴뚝엔 연기 오르고 사랑엔 등불 밝혀서
그날 밤 뒤란 가득 탐스런 감꽃들도 수북이 쌓이거든
쓰러진 토담벽 울타리를 넘어
수심 서린 잔별들도 총총히 밝고
주름 많은 빨래를 펴던 어머니의 방망이질 소리
당신의 깊은 한숨 소리에 마당도 한쪽 폭삭 꺼져라

부엌에는 도둑고양이 마루 밑에 새앙쥐
뒤주 아래 두꺼비 확독 곁에 씨암탉
싸움도 한판 설크러지고

풀기 없는 오랜 고요를 깨워 앞산도 쩡쩡 이마를 쳐라

어수선한 대청마루 신발 흐트러진 토방 끝까지
성가신 애기들의 울음소리가
사립짝 울바자 위에 소란스레 울리고
옛집의 너른 마당귀 해마다 화들짝 피던
살구꽃 그늘 그 아래 여린 풀잎 한 잎도
다시금 남김없이 푸르름 들어라.

春陽行

키 높은 미루나무 들길 꾸불텅 지나
석정리 큰고모네 처음 갔을 때
고모는 살가운 마음 주름진 눈매에도 어려
그날따라 닷새 장, 해 어름 파장 터에서
당신의 속마음 닮은 두툼한 털실 스웨타 한 벌
말없이 내게 사 입혀 주시더니
처녀적의 보름달 둥근 얼굴로
왠지 그렇지 환해지시고 말았던가
식구들 해 저녁의 저문 기다림 속으로
납석광 겨운 일 늦은 덥수룩한 고숙은
오종종 키 작은 걸음 기우뚱 비틀려 오셔
어따! 요놈 누구냐 많이 컸구나
시큼한 막술 내 끼친 횡설거림 길고
어언 나는 서른 녘, 그날의 고숙을 닮은
고단한 월급쟁이 행색
심심찮게 읍면 구석에 출장 나댕겨야 하는데
생각만 들어도 따숩던 마을의 이름
오늘은 춘양면春陽面 간다.